BEI GRIN MACHT SICH IHR
WISSEN BEZAHLT

Holger Schmalz

SQL:2003 aus objektrelationaler Sicht

GRIN Verlag

Bibliografische Information der Deutschen Nationalbibliothek:

Die Deutsche Bibliothek verzeichnet diese Publikation in der Deutschen National-
bibliografie; detaillierte bibliografische Daten sind im Internet über http://dnb.d-
nb.de/ abrufbar.

Impressum:

Copyright © 2006 GRIN Verlag GmbH
Druck und Bindung: Books on Demand GmbH, Norderstedt Germany
ISBN: 978-3-638-90277-9

Dieses Buch bei GRIN:

http://www.grin.com/de/e-book/58805/sql-2003-aus-objektrelationaler-sicht

HOCHSCHULE
FURTWANGEN
UNIVERSITY
Digitale Medien

HOCHSCHULE FURTWANGEN
HOCHSCHULE FÜR INFORMATIK, TECHNIK, WIRTSCHAFT UND MEDIEN

SQL:2003 aus objektrelationaler Sicht

AUTOR: Holger Schmalz

STUDIENGANG: Master of Computer Science in Media, 2. Semester

VERANSTALTUNG: Datenbanken und IT-Systeme im SS 2006

ABGABEDATUM: 30.05.2006

Inhaltsverzeichnis

1 Einführung

Objektrelationale Datenbanksysteme erweitern relationale Ansätze um Konzepte der Objektorientierung. Dadurch wird es ermöglicht, dass die aus relationalen Datenbanksystemen bekannte effiziente und fehlertolerante Verwaltung von Daten im Mehrbenutzerbetrieb erhalten bleibt. Die Kombination mit objektorientierten Ansätzen, wie Objekttypen, Typvererbung, Objekttabellen und Tabellenhierarchien hat das Ziel eine bessere Unterstützung der Anwendungssemantik durch das Datenbanksystem hervorzurufen und die Datenbankmodellierung und -entwicklung intuitiver zu gestalten (Vgl. [Gep02, S.1, Tür03, S.V, Tür06, S.V],).

Das relationale Modell und SQL wurden in den siebziger Jahren entwickelt. Die daraus abgeleiteten relationalen Datenbankverwaltungssysteme gewannen in den achtziger Jahren einen großen Marktanteil und finden bis heute einen verbreiteten Einsatz in Firmen. Parallel zur Ausbreitung der relationalen Datenbankverwaltungssysteme entstand in der Programmiertechnik das Konzept der Objektorientierung, durch die eine umweltnähere Modellierung von Sachverhalten ermöglicht wurde. Die wesentlichen Ansätze, die dabei eine wichtige Rolle spielen sind Vererbung und Verhalten als Eigenschaften von Objekten und ihren Typen. Durch objektorientierte Programmiersprachen wie C++ und Java ist ein direkter Übergang vom objektorientierten Entwurf in die Implementierung möglich (Vgl. [Gep02, S.1]).

Die Verknüpfung von objektorientierten Anwendungen mit relationalen Datenbanken führte zu der Erkenntnis, dass das relationale Modell, bei dem alle zu modellierenden Sachverhalte durch Relationen repräsentiert werden, mit einigen Einschränkungen verbunden ist. Beispielsweise kann die Spezialisierung von Objekttypen nur durch primitivere Konstrukte in relationalen Datenbanken abgebildet werden. Das Verhalten von Umweltobjekten kann nicht durch relationale Modelle repräsentiert werden (Vgl. [Gep02, S.1 f., Tür03, S.V, Tür06, S.V]).

In den 80er Jahren bildeten sich zwei Forschungsrichtungen heraus um den Impedance Mismatch[1] zu reduzieren. Daraus resultierten die Konzepte der objektorientierten und der objektrelationalen Datenbanksysteme. Während die objektorientierten Datenbanksysteme völlig neue Datenbanksysteme mit objektorientierten Konzepten darstellten, entstanden die objektrelationalen Datenbanksysteme aus der Erweiterung und Weiterentwicklung von relationalen Datenbanksystemen mit Ansätzen der Objektorientierung (Vgl. [Gep02, S.2]).

Die objektrelationalen Konzepte wurden vom SQL-Standard aufgenommen. Standard-SQL gilt seit SQL:1999 als objektrelational. Der aktuelle Standard SQL:2003 erweitert SQL:1999 in Bezug auf Objektrelationalität um einige wenige Aspekte, wie aus einer viel zitierten Veröffentlichung von Andrew Eisenberg hervorgeht ([Eis04, S.1 ff.]). Allerdings kam durch die

---

[1] Die grundlegende Problematik des Impedance Mismatch entsteht durch die fehlende Abbildung von objektorientierten Strukturen auf das Datenmodell relationaler Datenbankmanagementsysteme (RDBMS).

Anbindung von XML in SQL:2003 ein als bedeutend einzustufendes Konzept hinzu, da es von führenden DBMS-Herstellern, wie IBM, Oracle und auch Microsoft durchgängig aufgegriffen wurde.

Ziel dieser Ausarbeitung ist es, einen Überblick über die Umsetzung der wichtigsten objektrelationalen Konzepten in SQL:2003 vorzustellen und deren Einschätzung in der aktuellen Standard-Literatur darzulegen. Zur Erklärung sollen in dieser Ausarbeitung grundlegende Beschreibungen und kleinere Beispiele dienen. Für einen detaillierten Einblick in die objektrelationalen Konstrukte von Standard-SQL wird auf die Literatur [Gep02, Mel02, Pet03, Tür03, Tür06] verwiesen. Die komplette Definition von SQL:2003 ist in den 14 Teilen der Veröffentlichung „ISO International Standard: Database Language SQL" von ANSI/ISO/IEC zu finden [ANS03a, ANS03b, ANS03c, ANS03d, ANS03e, renANS03f, ANS03g, ANS03h, ANS03i, ANS03j, ANS03k]. In Kapitel 3 wird zusätzlich die Umsetzung des aktuellen SQL-Standards im SQL Server 2005 von Microsoft untersucht und die allgemeine Problematik der Umsetzung des Standards in der Praxis thematisiert.

2 Umsetzung objektrelationaler Konzepte in SQL:2003

Objektrelationale Datenbanksysteme sind eine Erweiterung von relationalen Datenbanksystemen mit Konzepten, deren Ursprung in der Objektorientierung liegt. Mit der Objektorientierung in Datenbanksystemen werden die folgenden Vorteile verbunden: (Vgl. [Tür03, S.5, Tür06, S.11, Gep02, S.26])

- Verringerung des Impedance Mismatch

- Einfache Abbildung und Darstellung von komplexen Realweltobjekten

- Schnellere Entwicklung von Datenbankanwendungen

- Wiederverwendung von in der Datenbank gespeicherter Funktionalität

- Besseres Verständnis und einfachere Verwaltung und Anpassung komplexer Anwendungen

- Bessere Performance durch Kenntnis der inneren Struktur der Objekte durch das DBMS[1]

Die Frage nach der Definition objektrelationaler Datenbanksysteme kann nicht eindeutig beantwort werden, da über eine allgemeingültige Abgrenzung Uneinigkeit herrscht (Vgl. [Tür06, S.11 f.]). Deswegen orientiert sich die aktuelle Literatur an den Konzepten des SQL-Standards, um den Begriff „Objektrelationalität" einzugrenzen ([Gep02, S.55 ff., Tür03, S.4 ff., Tür06, S.11 ff.], [Bar05, S.2]). Diese direkte Verknüpfung mit dem SQL-Standard lässt einen höheren Abstraktionsgrad der Objektrelationalität kaum zu. Dennoch ist es Ziel dieses Kapitels die Umsetzung im SQL-Standard kritisch zu betrachten. Es lassen sich die fol-

---

[1] Datenbankmanagementsystem

genden objektrelationalen Konzepte aus der aktuellen Standardliteratur ([Gep02, Tür03, Tür06,) ableiten:

- Typkonstruktoren

- benutzerdefnierte Datentypen

- Typhierarchien

- Methoden

- Objektidentifikatoren und Referenzen,

- typisierte Tabellen bzw. Objekttabellen

- Tabellenhierarchien

- typisierte Sichten bzw. Objektsichten

- Sichtenhierarchien

Im Folgenden werden die einzelnen Konzepte vorgestellt und Ihre Umsetzung in Standard-SQL betrachtet und bewertet.

2.1 Typkonstruktoren und Typhierarchien

Jedes Datenmodell besitzt Basisdatentypen, die den elementaren Wertevorrat festlegen. Darauf aufbauend lassen sich mit Hilfe von Typkonstruktoren komplexe konstruierte Datentypen ableiten. Dabei sind Typkonstrukturen nicht veränderbare Basiskonstrukte in einem Datenmodell. Es wird in objektrelationalen Datenmodellen aktuell zwischen den folgenden verschiedenen Typkonstruktoren unterschieden: Tupeltypkonstruktor, Arraytypkonstruktor, Multimengentypkonstruktor, Referenztypkonstruktor, Mengentypkonstruktor, Listentypkonstruktor und Objekttypkonstruktor (Vgl. [Tür06, S.104]). Tupeltypkonstruktoren[1] werden seit SQL:1999 über den „ROW"-Konstruktor realisiert. Dieser ermöglicht die Abbildung strukturierter Attribute. Ein Tupeltypkonstruktor erzeugt einen komplexen Datentyp, den Tupeltyp, der eine feste Anzahl von Feldern beinhaltet. Jedes Feld des Tupeltyps besitzt einen Namen, sowie einen Basisdatentyp oder einen konstruierten Datentyp[2]. Die Konstruktion eines Tupeltyps kann mit der folgenden SQL-Syntax realisiert werden:

ROW(<Feldname> <Datentyp>, ..., <Feldname> <Datentyp>)   (Quelle: [Tür03, S.45])

Auf die Datentypen in einem Tupeltyp wird über den jeweiligen Feldnamen zugegriffen. Es lässt sich festhalten, dass die Tupeltypkonstruktoren in SQL:2003 durch ein klares und durchsichtiges Konzept umgesetzt werden. Damit wird die relationale Einschränkung aufgehoben, dass ein Attributwert nicht wiederum strukturiert sein kann.

---

[1] Tupeltypkonstruktoren werden oft auch als Zeilentypkonstruktoren bezeichnet
[2] Dieses Konzept ermöglicht die Verschachtelung von Datentypen

Die mit SQL:1999 eingeführten Arraytypkonstruktoren dienen der Modellierung von homogenen Kollektionen[1] mit einer vordefinierten Maximalkardinalität (Vgl. [Gep02, S.58]). Dazu definiert SQL:2003 die Typ-erzeugende Syntax wie folgt:

<Elementtyp> **ARRAY**[<Max-Kardinalität>]   (Quelle: [Tür03, S.47])

Der Zugriff auf die Elemente des Arraytyps erfolgt über die Angabe der Position (Vgl. [Tür03, S.47]).

Durch die Arraytypen wird es ermöglicht mehrwertige Attribute direkt zu modellieren, ohne für die Kollektion eine eigene Relation zu bilden, wie es im relationalen Modell erforderlich ist. Die Schwäche dieser Umsetzung besteht darin, dass die Länge des Arraytyps bei seiner Deklaration beschränkt wird. Für Kollektionen unbekannter Länge eignet sich dieser Konstruktor folglich nicht. Diese Problematik wurde durch den erstmals in SQL:2003 umgesetzten Multimengentypkonstruktor umgangen.

Der Multimengentypkonstruktor erzeugt einen Multimengentyp:

<Elementtyp> **MULTISET**   (Quelle: [Tür06, S. 149])

Mit Hilfe eines Multimengenkonstruktors lässt sich aus einem Multimengentyp eine Multimenge erzeugen:

SET <Bezeichnung der Multimenge> = **MULTISET**[<SQLAnfrage>|<Werteliste>]
(Quelle: Tür06, S. 130)

Ein Multimengentyp unterscheidet sich von einem Arraytyp durch seine ungeordnete Struktur und seine flexible Größe. Multimengen sind demnach homogene ungeordnete Kollektionen. Jede Multimenge darf Duplikate enthalten.

Das Konzept der Multimengen in SQL:2003 ermöglicht die Durchführung mengenbasierter Operationen an Kollektionen und deckt eine große Lücke ab, die SQL:1999 offen gelassen hat (Vgl. [UN04, S.44]).

Ein weiterer kollektionsbasierter Typkonstruktor ist der Listentypkonstruktor, der in Standard-SQL bisher noch nicht umgesetzt wurde. Mit dem Arraytypkonstruktor können geordnete und größenbeschränkte Kollektionen modelliert werden, mit dem Multimengentypkonstruktor dagegen ungeordnete und nicht größenbeschränkte. Ein Listentypkonstruktor definiert dagegen geordnete und nicht größenbeschränkte Kollektionen. Außerdem kann mit einem Iterator auf die einzelnen Listenelemente zugegriffen werden (Vgl. [Tür06, S.49]). Die Umsetzung dieses Konzepts soll hier als Erwartungshaltung an zukünftige SQL-Standards gestellt werden.

Der Mengentypkonstruktor, der sich von dem Multimengentypkonstruktor darin unterscheidet, dass keine Duplikate zugelassen werden, wurde ebenfalls nicht mit in SQL:2003 aufgenommen (Vgl. [Tür06, S.106]). Eine mögliches Motiv der Nichtberücksichtigung ist die Tatsache, dass die geforderte Funktionalität über den Multimengentypkonstruktor abgebildet werden kann, in dem manuelle Kontrollmechanismen gegen Duplikate einge-

---

[1] Sammlung von Werten des gleichen Elementtyps

setzt werden. Dennoch wird dadurch dem jeweiligen Datenbankprogrammierer Arbeit auferlegt, die mit einem Mengentypkonstruktor überflüssig wäre. Die zukünftige Umsetzung in Standard-SQL wäre demnach sinnvoll.

Als letztes soll in diesem Abschnitt der Referenztypkonstruktor erwähnt werden, der Referenztypen erzeugt und seit SQL:1999 in Standard-SQL existiert: (Vgl. Tür03, S.48)

REF(<Typname>**) [SCOPE(**<Tabellenname>**)]**   (Quelle: [Tür03, S.48])

Dabei steht eine Referenz für einen Verweis auf eine Instanz des referenzierten Typs. Verweist der Referenztyp auf eine Zeile innerhalb einer typisierten Tabelle muss als SCOPE der Tabellenname der typisierten Tabelle angegeben werden (Vgl. [Tür03, S.48]). Die Referenzierung in Standard-SQL wird zusammen mit der Problematik der Objektidentifikation in Abschnitt 2.5 näher betrachtet.

Objekttypkonstruktoren werden in SQL:2003 über benutzerdefinierte Datentypen realisiert und daher im nächsten Abschnitt untersucht.

2.2 Benutzerdefinierte Datentypen

Benutzerdefinierte Datentypen erlauben die Definition von benannten Datentypen und werden mit den Vorteilen Erweiterbarkeit, Widerverwendbarkeit, Typisierung und Performance in Verbindung gebracht (Vgl. [Tür06, S.107]). Es wird zwischen zwei Arten benutzerdefinierter Datentypen unterschieden, den Distinct-Typen und den Strukturdatentypen (Vgl. [Tür06, S.107, Gep02, S.59]).

Distinct-Typen erlauben die Definition von Datentypen als Kopie bereits bestehender Datentypen mit einem neuen Namen. Die Instanzen zweier verschiedener Distinct-Typen sind nicht miteinander vergleichbar, auch wenn beiden Distinct-Typen der gleiche Quelldatentyp zu Grunde liegt. Die Instanzen zweier verschiedener Distinct-Typen können nur dann zu Vergleichen herangezogen werden, wenn entsprechende CASTS[1] durchgeführt werden. Ein CAST in den entsprechenden Quelltyp ist immer möglich, aber ein CAST zwischen zwei verschiedenen DISTINCT-Typen muss manuell definiert werden (Vgl. [Tür06, S.108]).

Standard-SQL hat mit SQL:1999 das Konzept der Distinct-Typen aufgegriffen und in SQL:2003 unverändert fortgeführt:

CREATE TYPE <Distinct-Typname> **AS** <Quelltyp> **FINAL**   (Quelle: [Tür03, S.50])

Dadurch wird es ermöglicht semantisch unzulässige Vergleiche und Zuweisungen zu verbieten (Strenge Typisierung, Vgl. [Tür06, S.13]). Beispielsweise kann so korrekterweise ein Distinct-Typ „Dollar" nicht mit einem Distinct-Typ „Euro" verglichen werden, obwohl sich beide auf den gleichen Quelldatentyp beziehen. Die Schwachstelle in SQL:2003 bildet die Einschränkung des Quelldatentyps auf Basisdatentypen (Vgl. [Tür03, S.50]). Es ist also nicht

---

[1] Typumwandlungen

möglich, beispielsweise konstruierte oder benutzerdefinierte Datentypen als Distinct-Typen zu definieren. Auch wenn diese Funktionalität in der Praxis keinen so häufigen Einsatz findet, so steht der Umsetzung dessen jedoch kein Nachteil gegenüber und wäre durchaus wünschenswert.

Strukturdatentypen besitzen eine starke Analogie zu den Klassen der Objektorientierung. Mit Ihnen lassen sich zentrale objektorientierte Eigenschaften wie Identität, Vererbung und Verhalten umsetzen (Vgl. [Gep02, S.59]). Damit bilden Strukturdatentypen das zentrale objektorientierte Konzept objektrelationaler Datenbanken. Der Begriff eines Strukturdatentyps deckt benannte Datentypen ab, durch die benutzerdefinierte Strukturen wieder verwendbar in der Datenbank angelegt werden können (Vgl. [Tür06, S.110]).

In SQL:2003 werden Strukturdatentypen über strukturierte Typen realisiert, die eine Menge von Attributen und Methoden umfassen (Vgl. [Gep02, S.60, Tür03, S.52, Tür06, S.110]). Dabei besitzt jedes Attribut einen Attributnamen und einen Datentyp. Methoden realisieren das Verhalten von strukturierten Typen, wobei für jedes Attribut automatisch eine Mutator- und Observermethode[1] angelegt wird. Vererbung wird über das Konzept von Wurzeltypen und Subtypen modeliert. Jeder strukturierte Typ kann als Subtyp eines anderen definiert werden. Wurzeltypen sind die strukturierten Typen, die keinen Supertyp besitzen und werden folgendermaßen angelegt: (Vgl. [Gep02, S.59 ff., Tür03, S.52 ff., Tür06, S.153 ff.])

CREATE TYPE <Typname> **AS** (<Attributdefinitionsliste>)
[[NOT] INSTANTIABLE]
[NOT] FINAL
[REF {IS SYSTEM GENERATED | FROM (<Attributliste>) **| USING** (<BT>)}]]**
[<Methodendeklarationsliste>]   (Quelle: [Tür06, S.154])

Bei der Definition eines Wurzeltyps kann die Art seiner Referenzgenerierung festgelegt werden. Dabei besteht eine Wahlmöglichkeit zwischen einem systemgenerierten, aus Attributen abgeleiteten oder benutzerdefiniertem Identifikator. Allerdings sind Referenzierungen auf einen strukturierten Typ nur in Verbinung mit typisierten Tabellen möglich, die in Abschnitt 2.5 betrachtet werden (Vgl. [Tür06, S.154, Tür03, S.57]).

Jeder Subtyp besitzt genau einen Supertyp. Diese Feststellung weist auf eine Grenze der Objektorientierung in SQL:2003 hin, denn Mehrfachvererbung ist damit ausgeschlossen. Subtypen erben Attribute, Methoden und die Referenzgenerierung des Supertyps und werden mit der folgenden Syntax definiert: (Vgl. [Tür03, S.55 f., Tür06, S.155 f.])

CREATE TYPE <Subtypname> UNDER <Supertypname> AS
(<Attributdefinitionsliste>)
[[NOT] INSTANTIABLE]
[NOT] FINAL
[<Methodendeklarationsliste>]   (Quelle: [Tür06, S.155])

---

[1] Manipulations- und Lesemethode

Wenn strukturierte Typen in einer Vererbungsbeziehung stehen wird von einer Typhierarchie gesprochen (Vgl. [Tür03, S.52]). Geerbte Methoden können überschrieben werden. Mit der Einführung der strukturierten Typen in SQL:1999 wurde ein wichtiger Schritt in Richtung Objektorientierung von Standard-SQL getan, da sie die objektorientierten Eigenschaften wie Referenzen, typspezifisches Verhalten und Vererbung abdecken (Vgl. [Gep02, S.74]). Als Schwächen sollen hier die Umsetzung des OID-Konzeptes [vgl. Abschnitt 2.5], die fehlenden Kapselungs-Level [Vgl. Abschnitt 2.3] und die fehlende Mehrfachvererbung genannt werden, wobei objektorientierte Programmiersprachen wie z.B. Java ebenfalls ohne Mehrfachvererbung auskommen.

2.3 Methoden

In SQL:2003 sind Methoden spezielle Funktionen, die an einen strukturierten Typ gebunden sind. Neben den bereits genannten Mutator- und Observermethoden ist es möglich benutzerdefinierte Methoden zu deklarieren: (Vgl. [Tür03, S.58])

[INSTANCE | CONSTRUCTOR | STATIC]
METHOD <Methodenname>(<Parameterdefinition>)
RETURNS <Rückgabetyp>
[SELF AS RESULT]
[<Routinencharakteristikaliste>]   (Quelle: [Tür03, S.58])

Dabei wird eine Unterscheidung zwischen drei Methodenarten vorgenommen. Instanzmethoden werden direkt auf den Instanzen eines strukturierten Typs aufgerufen:

<StrukturierterWert>.<Methodenname>[(Parameterliste)]   (Quelle: [Tür06, S.170])

Automatisch angelegte Mutator- und Observermethoden sind Instanzmethoden. Der Methodenname ist dabei gleich dem Attributsnamen mit dem Unterschied, dass einer Mutatormethode ein Parameterwert übergeben und kein Rückgabewert geliefert wird und bei einer Observermethode kein Parameterwert übergeben und ein Rückgabewert geliefert wird (Vgl. [Tür03, S.54]).

Initialisierungsmethoden sind Methoden, welche beim Instanzieren eines strukturierten Typs aufgerufen werden und die Attribute der neuen Instanz mit Parameterwerten belegen: (Vgl. [Tür06, S.170])

NEW <Typname>(<Parameterliste>)   (Quelle: [Tür06, S.170])

Die dritte Methodenart stellen die statischen Methoden dar. Diese werden unabhängig von konkreten Instanzen eines strukturierten Typs aufgerufen und sind mit Klassenmethoden in objektorientierten Programmiersprachen vergleichbar: (Vgl. Tür06, S.170)

<Typname>::<Methodenname>[(<Parameterliste>)]   (Quelle: [Tür06, S.170])

Falls innerhalb einer Instanz- oder Initialisierungsmethode einer Instanz auf eine andere Methode innerhalb dieser Instanz zugegriffen werden soll, geschieht dies durch den SELF-

Parameter, der anstelle des strukturierten Wertes in der Syntax eingesetzt wird (Vgl. [Tür06, S.170]).

Durch das Methodenkonzept in Standard-SQL kann das Verhalten von strukturierten Typen definiert werden. Sie bilden deswegen ein grundlegendes Konzept in der Objektorientierung von Standard-SQL. Dennoch soll die Schwäche des Konzeptes an dieser Stelle nicht verschwiegen werden. Eine Möglichkeit zur Angabe eines Kapselungslevels von Methoden und auch Attributen in strukturierten Typen, wie sie beispielsweise durch die Kapselungslevel PUBLIC, PRIVATE und PROTECTED aus der Programmiersprache C++ bekannt ist, wurde bereits nach der Einführung von SQL:1999 in [Eis99] gefordert aber auch in SQL:2003 noch nicht umgesetzt (Vgl. [Eis99, S.136]).

2.4 Tupeltabellen

In SQL:2003 gibt es die Möglichkeit sowohl Tupeltabellen, als auch typisierte Tabellen anzulegen. Tupeltabellen ähneln traditionellen relationalen Tabellen. Jedoch sind diese nicht auf Basisdatentypen beschränkt, sondern können beliebige Datentypen des Typsystems, wie konstruierte Datentypen und benutzerdefinierte Datentypen aufnehmen (Vgl. [Tür06, S.122]). Die Definition einer Tupeltabelle erfolgt mit dem aus SQL-92 bekannten CREATE TABLE-Statement (Vgl. [Tür06, S.158]). Abbildung 2.1 illustriert grafisch ein Beispieleintrag in einer Tupeltabelle, die zwei atomare, einen tupelwertigen, einen arraywertigen, einen Distinct- und einen referenzwertigen Datentyp beinhaltet.

Anr	Name	Anschrift	Telefon	Gehalt	Vorgesetzter
2342	'Müller'	ROW('Robert-Gerwig-Platz 1', 'Furtwangen')	ARRAY['0173324213', '034132432']	Euro(4000.0)	REF(53566)

Abbildung 2-1: Beispiel einer Tupeltabelle mit komplexen Werten, Quelle: eigene Darstellung

In Bezug auf Objektorientierung besitzt die zweite Art von Tabellen, die der typisierten Tabellen, eine größere Bedeutung. Streng genommen besitzen Tupeltabellen durch das Konzept der typisierten Tabellen keine zwingende Existenznotwendigkeit. Allerdings ist ein Weiterführen der Tupeltabellen in Standard-SQL durchaus als sinnvoll zu betrachten um auch weiterhin in Anlehnung an die bekannten relationalen Tabellen Daten speichern zu können ohne eine Typdefinition vornehmen zu müssen, wie sie bei typisierten Tabellen notwendig ist.

2.5 Typisierte Tabellen und Tabellenhierarchien

„Typisierte Tabellen bilden zusammen mit den strukturierten Typen den Kern der objektrelationalen Erweiterungen von SQL." [Tür03, S.72] Die mit SQL:1999 eingeführten typisierten Tabellen werden über einen strukturierten Typ definiert. Die Spaltenattribute der Tabelle werden somit vorgegeben, denn diese beziehen sich aus den Attributen des bei der Tabellendefinition angegebenen strukturierten Typs. Zusätzlich erhält jede typisierte Tabelle als erste Spalte die OID-Spalte. Jede Zeile in einer Tabelle repräsentiert ein Objekt, deshalb werden typisierte Tabellen teilweise als Objekttabellen bezeichnet (Vgl. [Gep02, S.66 f., Tür03, S.72 f., Tür06, S.15]).

Typisierte Tabellen können analog zur Typhierarchie als Subtabellen von anderen typisierten Tabellen definiert werden und eine Tabellenhierarchie abbilden. Die typisierten Tabellen, die keiner Supertabelle untergeordnet sind werden als Wurzeltabellen bezeichnet (Vgl. [Tür03, S.73]).

Syntaktisch werden Wurzeltabellen in Standard-SQL wie folgt definiert:

CREATE TABLE <Tabellenname> **OF** <Typname>
(<OID-Generierung> [, <Spaltenoptionsliste>] [, <Tabellenbedingungsliste>])
(Quelle: [Tür06, S.160])

Die OID-Generierung kann auf drei Arten durchgeführt werden: automatisch durch das System, abgeleitet aus Attributen oder benutzerdefiniert. Dabei muss die OID-Generierung der Referenzgenerierung des zu Grunde liegenden strukturierten Typs entprechen. Die OID-Spalte bietet die Möglichkeit die Zeilen einer typisierten Tabelle zu referenzieren (Vgl. [Tür03, S.73, Tür06, S.119]).

Mit dem Konzept der Referenzierung können beispielsweise m:n-Beziehungen ohne die Definiton einer zusätzlichen Tabelle abgebildet werden. Zwei typisierte Tabellen könnten jeweils ein Attribut als Tupeltyp oder Multimengentyp besitzen, das mit Referenztypen gefüllt wird. Die Referenztypen verweisen auf die jeweils andere typisierte Tabelle (Vgl. [Gep02, S.68]).

Nachteilig an dem OID-Konzept in SQL:2003 erweist sich die Beschränkung des Eindeutigkeitsbereichs einer OID auf eine Typhierarchie. Damit unterscheidet sich die Umsetzung in Standard-SQL von der objektorientierten Sichtweise, bei der OID's für jedes Objekt in einem System inhärent sind. Deswegen werden die Zeilen einer typisierten Tabelle nicht als Objekte im Sinne der Objektorientierung sondern als Repräsentanten von Objekten angesehen (Vgl. [Eis99, S. 136, Tür06, S.118, Tür03, S.74]).

Außerdem besitzen Objekte nur in Verbindung mit typisierten Tabellen eine OID. D.h. Instanzen von strukturierten Typen, wie zum Beispiel in einer Spalte gespeicherte strukturierte Typen, besitzen keine OID und können somit nicht referenziert werden. Demzufolge können nur Zeilen einer typisierten Tabelle referenziert werden (Vgl. [Eis99, S.136]).

Eine weitere Schwäche besteht in der Tatsache, dass Zeilen einer typisierten Tabelle nicht als abstrakte Objekte sondern als Tupel umgesetzt sind und somit keine richtigen Instanzen von Objekten darstellen. Methoden können nur auf Instanzen von strukturierten Typen aufgerufen werden und somit nicht direkt auf den Zeilen einer typisierten Tabelle. Der Aufruf dieser Methoden kann nur durchgeführt werden, wenn die entsprechende Zeile mittels des DREF-Operators vorher dereferenziert wird: (Vgl. [Tür06, S.123 f.])

DREF(<OID>).<Methodenname>

Die bereits angesprochenen Subtabellen werden mit folgender Syntax angelegt:

CREATE TABLE <Tabelnname> **OF** <Typname>
UNDER <Supertabellenname>
[(<Spaltenoptions-bzw-Tabellenbedingungsliste>)]   (Quelle: [Tür06, S.162])

Die Subtabelle erbt die Spaltenoptionen und die OID der Supertabelle. Sie besitzt dadurch die gleichen Attribute wie die Supertabelle zuzüglich neuer Attribute. Auch den Subtabellen muss ein strukturierter Typ zugeordnet werden. Dabei darf einer Subtabelle nur ein strukturierter Typ zugeordnet werden, der ein direkter Subtyp des der Supertabelle zugeordneten strukturierten Typs ist. Jede in einer Subtabelle enthaltene Zeile ist auch in ihrer Supertabelle enthalten. Dagegen ist nicht jede Zeile einer Supertabelle in der entsprechenden Subtabelle vorhanden (Vgl. [Tür03, S.75, Tür06, S.160 ff., Gep02, S.70 f.]).

Mit den Sub- und Supertabellen stellt SQL:2003 eine Möglichkeit bereit Spezialisierungen besser als in relationalen Modellen umzusetzen. Der Datenbankprogrammierer wird dadurch nicht mehr vor Probleme beim Löschen, Einfügen und Ändern von Spezialisierungs- und Generalisierungseinträgen gestellt. Die interne Speicherung einer Tabellenhierarchie wird allerdings nicht von Standard-SQL vorgegeben und bleibt dem DBMS überlassen (Vgl. [Tür06, S.126]). Dabei sollte das DBMS aber eine redundante Speicherung vermeiden. Nachteilig ist die offensichtliche Abhängigkeit der Tabellenhierarchie von der Typhierarchie (siehe Abbildung 2-2).

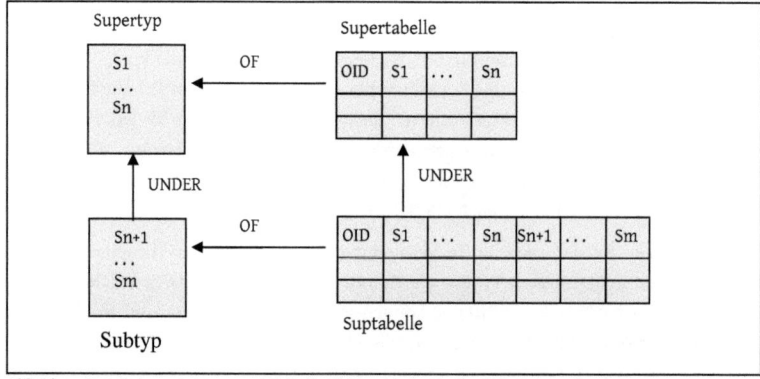

Abbildung 2-2: Getrennte Typ- und Tabellenhierachien, Quelle: [Tür06 S.127]

2.5 Typisierte Sichten und Sichtenhierarchien

Analog zu den typisierten Tabellen ist es möglich typisierte Sichten zu erstellen. Dabei wird ebenfalls ein strukturierter Typ zu Grunde gelegt. Außerdem wird durch SQL:2003 die Einschränkung vorgegeben, dass das SQL-Statement der typisierten Sicht nur genau eine typisierte Tabelle oder typisierte Sicht in der FROM-Klausel enthalten darf. Darüber hinaus muss sich das Ergebnis der Abfrage der typisierten Sicht mit den Attributen ihres strukturierten Typs decken (Vgl. [Tür06, S.133]).

Auch typisierte Sichten können durch Sub- und Supersichten zu einer Hierarchie verbunden werden. Allerdings ist das Konzept der Sichtenhierarchien kritisch zu betrachten. Eine Subsicht erweitert die Zeilen der Supersicht (Vgl. [Tür06, S.134]). D.h. wird eine Subsicht definiert, so erscheinen alle Abfragewerte der Subsicht automatisch auch beim Aufruf der Supersicht. Dadurch könnte es passieren, dass eine Filterbedingung innerhalb der Supersicht ihre inhaltliche Bedeutung verliert, weil die gleiche Filterbedingung in der Subsicht nicht gesetzt wurde. In diesem Falle wären dann trotzdem die Zeilen der Subsicht beim Aufruf der Supersicht sichtbar.

Zusammenfassend lässt sich festhalten, dass die typisierten Sichten durchaus sinnvoll genutzt werden können, allerdings sollten Sichtenhierarchien nur mit Bedacht und bei Bedarf eingesetzt werden.

3 Microsoft SQL Server 2005 und SQL:2003

Im Folgenden sollen die vorgestellten Konzepte, bezüglich Ihrer Umsetzung im Microsoft SQL Server 2005 untersucht werden.

Der Bereich der Datentypen im Microsoft SQL Server 2005 beschränkt sich auf Basisdatentypen und UTDs[1], wobei diese keine benutzerdefinierten Datentypen im objektrelationalen Sinne von SQL:2003 darstellen, sondern ein eigens von Microsoft entwickeltes Konzept. UDT's werden in Alias-Datentypen und CLR-Datentypen unterteilt. Bei den Alias-Datentypen werden Basisdatentypen unter einem anderen Namen in der Datenbank gespeichert. Dennoch handelt es sich dabei nicht, um die Umsetzung der Distinct-Typen aus SQL:2003, da unterschiedliche Alias-Datentypen miteinander vergleichbar sind. CLR-Datentypen sind zwar Datentypen, die Attribute und Methoden besitzen und sich in Tabellenspalten abspeichern lassen, allerdings wurde auch damit kein entscheidender Schritt in Richtung Objektrelationalität von Microsoft unternommen: „Da auf UDTs vom System als Ganzes zugegriffen wird, kann ihre Verwendung für komplexe Datentypen die Leistung beeinträchtigen. Für das Modellieren komplexer Daten werden im Allgemeinen herkömmliche Zeilen und Tabellen empfohlen." [MSD06] Microsoft beschränkt die Verwendungsempfehlung von CLR-Datentypen auf Datum, Zeit, Währung, erweiterte numerische Typen,

---

[1] User defined datatypes

Anwendungen geografischer Informationssysteme und codierte oder verschlüsselte Daten (Vgl. [MSD06]).

Damit wird vom SQL-Server 2005 keines der vorgestellten objektrelationalen Konzepte von SQL:2003 umgesetzt, der Standard wird in dieser Beziehung weitestgehend ignoriert. Demzufolge kann der Microsoft SQL Server 2005 als klassisch relational bezeichnet werden. Dieser Philosophie liegen vorwiegend strategische Überlegungen zu Grunde (Vgl. [MOR04]). Beispielsweise verspricht sich Microsoft Kundenvorteile durch einfache Bedienung und leichtere Verständlichkeit (Vgl. [MIC05]). Während objektrelationale DBMS durch Ihre vielen Möglichkeiten und Konzepte zunächst eine Barriere für Datenbankentwickler darstellen können, bietet Microsoft mit dem SQL Server 2005 und den zugehörigen grafischen Verwaltungstools eine relativ leicht zu bedienendes DBMS an. Darüber hinaus konzentriert sich Microsoft auf XML-Features und deren Einsatz im SQL Server 2005. Dabei bietet der SQL-Server XML-Funktionalitäten an, die selbst von großen Konkurrenten wie Oracle und DB2 nicht unterstützt werden (Vgl. [Tür06, S.525]).

Dieses Beispiel lässt vermuten, dass der SQL-Standard in der Praxis keine zwanghafte Vorgabe für die DBMS-Hersteller darstellt. Tatsächlich werden auch in Oracle, DB2, Informix und PostgreSQL einige Vorgaben von Standard-SQL gar nicht oder auf verschiedene Arten umgesetzt. Als Beispiel soll die unterschiedliche Umsetzung des OID-Konzeptes in den verschiedenen DBMS angesprochen werden (Vgl. [Tür06, S.138]). Diese Abweichungen vom Standard sind allerdings nicht nur bei den objektrelationalen Konzepten zu beobachten.

Daraus ergibt sich die Fragestellung, ob SQL überhaupt noch als Standard angesehen werden kann. Der SQL-Dialekt unterliegt dem Problem, dass er oftmals den Wünschen der wichtigsten DBMS-Hersteller angepasst wird und nicht anders herum. Da die entsprechenden Unternehmen unterschiedliche Strategien und Konzepte verfolgen sind im SQL-Standard viele Features auf einem proprietärem Weg umgesetzt wurden (Vgl. [GOR01]). Zusammen mit der stetigen Forderung nach Aufwärtskompatibilität (Vgl. [Tür06, S.460]) führte dies unweigerlich zum Anwachsen des SQL-Standards, der sich dadurch von einem durchgängig sauberen Sprachentwurf entfernte. Aus Sicht der DBMS-Hersteller, die innerhalb Ihrer Produkte aber durchaus an einem sauberen Sprachentwurf interessiert sind, ist die komplette Umsetzung des SQL:2003-Standards problematisch. Die Folge ist die Heterogenität der einzelnen Dialekte innerhalb der verschiedenen DBMS. Dabei wird der SQL-Standard eher als Richtlinie denn als Standard genutzt. Eisenberg und Melton bemerkten bereits 1999 in [Eis99], dass SQL noch kein Standard sei, stellten allerdings optimistische Prognosen auf: „SQL:1999 is not yet a standard, although it's well on its way to becoming one." [Eis99, S.136]. Jedoch lässt sich auch aktuell feststellen, dass aus den genannten Gründen SQL:2003 nicht als wirklicher Standard fungiert. Und obwohl Anstrengungen unternommen wurden, die Veröffentlichungszyklen des SQL-Standards zu verkürzen (Vgl. [Eis00, S.63]), um flexibler auf Anforderungen reagieren zu können, wird dieses Problem auch in naher Zukunft nicht gelöst werden können. Ein Ausweg aus dieser Situation ist nur dann denkbar, wenn zwei oder mehrere wichtige DBMS-Hersteller sich aus Eigeninitiative zur exakten Umsetzung von Standard-SQL verpflichten und damit gleichzeitig Druck auf die gesamte Branche ausüben. Datenbankentwickler würden sich in diesem Fall von schlecht standardisierten DBMS abwenden, um sich nicht zu sehr auf ein DBMS einzuschränken. Die Anwendung verschiedener DBMS mit einem standardisierten SQL-Dialekt wäre für Datenbankentwickler wesentlich unproblematischer, als die derzeitige heterogene Systemlandschaft.

4 Zusammenfassung und Fazit

Objektorientierung wird in SQL:2003 vorwiegend durch das Konzept der benutzerdefinierten Datentypen realisiert. Diese decken objektorientierte Eigenschaften wie Objektidentität, Referenzen, typspezifisches Verhalten und Vererbung ab. Die typisierten Tabellen ermöglichen die Persistenz von Typ-Instanzen. Auch wenn einige Schwachstellen existieren, so bietet SQL:2003 dennoch die Vorzüge, die mit einem objektrelationalen Konzept in Verbindung gebracht werden. Durch die Verlagerung der Funktionalität von Anwendungen in die Datenbank werden Anwendungsprogrammierern immer wiederkehrende Aufgaben abgenommen und der Impedance Missmatch verkleinert. Zudem wird die Entwicklung neuer Anwendungen, die mit bestehenden Daten arbeiten sollen, erheblich beschleunigt. Die objektrelationalen Datenbanken haben vor allem im Gegensatz zu den relationalen Datenbanken Vorzüge, die nicht bestritten werden können. Dies ergibt sich schon daraus, dass objektrelationale Datenbanken auch als relationale Datenbanken eingesetzt werden können, aber eben zusätzliche objektorientierte Ansätze unterstützen. Gerade solche Problemstellungen, wie die Modellierung von Kollektionen, Assoziationsklassen und Vererbung können mit den objektrelationalen Konstrukten aus SQL:2003 wesentlich einfacher gelöst werden.

Dem breiten Einsatz der objektrelationalen Konzepte aus SQL:2003 stehen zwei wesentliche Aspekte gegenüber. Zum einen veranlasst die heterogene Umsetzung der objektrelationalen Konstrukte einige Datenbankentwickler auf diese Technik zu verzichten und zum anderen stellen dabei die vielen Möglichkeiten und Konzepte oftmals eher eine Hürde dar. Auch wenn die Entwicklung objektrelationaler Datenbanken grundsätzlich intuitiver abläuft so sind dennoch die relationalen Konzepte leichter verständlich.

Alternativ wird dann teilweise auf objektrelationale Mapping-Konzepte wie JDO und Hibernate zurückgegriffen, die die Übersetzung zwischen einer objektorientierten Programmiersprache und einer relationalen Datenbank übernehmen, also den Impedance Missmatch reduzieren. Auch wenn diese Ansätze teilweise leichter verständlich als die objektrelationalen Konzepte von SQL:2003 sind, soll darauf hingewiesen werden, dass objektorientierte Mapping-Tools ebenfalls gesteigerte Anforderungen an den jeweiligen Entwickler stellen. Es muss die entprechende Datenbank entworfen und die genaue Übersetzung definiert werden, also welche Objekteigenschaften welchen Datenspalten in welchen Tabellen entsprechen. Dabei kann die Anzahl der Tabellen durch die entsprechenden Mapping-Konzepte schnell anwachsen. Der große Vorteil von objektrelationaler Datenspeicherung ist Intuitivität, ein Kernpunkt der objektorientierten Sichtwiese, ohne auf die bewährten relationalen Konzepte zu verzichten. Aus dieser Sichtweise ist die Entscheidung zwischen einer objektrelationalen Datenbank und einer relationalen Datenbank mit einem entsprechenden Objektrelationalen Mapping-Tool stark abhängig von den Personalpräferenzen in der zugehörigen Entwicklungsabteilung eines Unternehmens.

Die Entscheidung sollte allerdings auch von einem zweiten wichtigen Aspekt abhängen, der Performance. Objektrelationale Mapping-Konzepte haben bedingt durch die nötigen Joint-Operationen speziell bei sehr komplexen Anwendungsfällen mit tiefen Vererbungshierarchien und Baumstrukturen Performanceprobleme, die über verschiedene Caching-Techniken ausgeglichen werden sollen (Vgl. [POL06]). Daraus ergibt sich unweigerlich das Aktualitätsproblem der Daten im Cache. Je nach Anwendung muss die Gewichtung dieses Nachteils betrachtet werden. Stellt dies ein relevantes Problem für die Anwendung dar muss auf die Caching-Techniken verzichtet werden. Im zweiten Schritt müssten die daraus folgenden Performance-Einbußen beurteilt werden. Der Einsatz von objektrelationalen Mapping-Tools macht nur dann Sinn, wenn die Performance-Nachteile gelöst werden können. Dazu gehört auch, dass das entsprechende Personal über das Know-How des manuellen Performance-Tuning verfügt, dass bei objektrelationalen Mapping-Tools möglich und nötig ist. Bestehende objektrelationale DBMS wie z.B. Oracle bieten stabile und performante objektrelationale Lösungen an. Die Kenntnis der inneren Struktur der Datentypen kann vom DBMS zu Performance-Optimierungen verwendet werden. Allerdings ist die Performance auch dabei stark abhängig von der Realisierung und der Formulierung der SQL-Dialekte, wobei sich objektrelationale SQL-Anfragen prinzipiell intiutiver formulieren lassen und damit die Performance-Optimierung wesentlich einfacher zu realisieren ist als über relationale SQL-Anfragen oder objektrelationale Mapping-Tools. Demzufolge sind bei der objektrelationalen Entwicklung mit Hilfe eines der marktführenden objektrelationalen DBMS weniger Performance-Probleme zu erwarten als bei dem Einsatz objektrelationaler Mapping-Tools.

Die objektrelationalen Mapping-Tools spielen ihre Stärke vor allem dann aus, wenn für eine zu entwickelnde Anwendung eine relationale Datenbank bereits existiert. Greifen in diesem Falle bereits andere Anwendungen auf die Datenbank zu wäre eine Umstellung auf eine objektrelationale Datenbank im Gegensatz zum ORM-Einsatz sehr teuer.

Dennoch kann an dieser Stelle keine grundlegende Entscheidungstendenz aufgezeigt werden. Der Einsatz einer objektrelationalen Datenbank oder eines objektrelationalen Mapping-Konzeptes ist anhand der aufgezeigten Faktoren und anhand einer Kostenrechnung von Anwendungsfall zu Anwendungsfall individuell festzulegen.

Literatur

Einzelwerke

[Bar05]   Baroni, Aline Lùcia, A formal definition for object-relational database metrics,
           in: 7th international Conference on Enterprise Information Systems, Miami,
           2005
[EIS99]   Eisenberg, Andrew, Melton, Jim, SQL:1999 formerly known as SQL3, in: ACM
           SIGMOD Record, Nr.1/1999
[EIS00]   Eisenberg, Andrew, Melton, Jim, SQL Standardization: The Next Steps, in: ACM
           SIGMOD Record, Nr.1/2000
[EIS04]   Eisenberg, Andrew++, SQL:2003 Has Been Published, in: ACM SIGMOD Record,
           Nr.3/2004
[Gep02]   Geppert, Andreas, Objektrelationale und objektorientierte Datenbankkonzepte
           und –systeme, Heidelberg, dpunkt.verlag, 2002
[MEL02]   Melton, Jim, Advanced SQL:1999 – Understanding Object-Relational and Other
           Advanced Features, San Francisco, Morgan Kaufmann Publishers, 2000
[PET03]   Petkovic, SQL objektorientiert, München, Addison-Wesley, 2003
[Tür03]   Türker, Can, SQL:1999 & SQL:2003, Heidelberg, dpunkt.verlag, 2003
[Tür06]   Türker, Can, Saake, Gunter, Objektrelationale Datenbanken, Heidelberg,
           dpunkt.verlag, 2006

Internet

[GOR01]   Is SQL a real standard anymore ?, http://www.tdan.com/i016hy01.htm,
           04/2001
[MIC05]   Microsoft SQL Server 2005 – Produktübersicht,
           http://www.microsoft.com/germany/technet/datenbank/articles/600980.ms
           px, 04/2005
[MOR04]   SQL Server 2005: Late but Loaded,
           http://www.sqlmag.com/Article/ArticleID/42229/sql_server_42229.html,
           04/2001
[MSD06]   Erstellen und Verwenden von benutzerdefinierten Typen,
           http://msdn2.microsoft.com/de-de/library/9a81d32x.aspx, 2006
[POL06]   PolePosition, http://www.polepos.org/, 2006
[UN04]   SQL:2003: mit XML und Verwaltung externer Daten,
           http://www.heise.de/ix/artikel/2004/10/044/, 10/2004

Standards

[ANS03h]   ANSI/ISO/IEC 9075-1:2003, ISO International Standard: Database Language SQL
           – Part 1: Framework (SQL/Framework), 09/2003
[ANS03k]   ANSI/ISO/IEC 9075-2:2003, ISO International Standard: Database Language SQL
           – Part 2: Foundation (SQL/Foundation), 12/2003

[ANS03l] ANSI/ISO/IEC 9075-3:2003, ISO International Standard: Database Language SQL
          – Part 3: Call-Level Interface (SQL/CLI), 12/2003

[ANS03m] ANSI/ISO/IEC 9075-4:2003, ISO International Standard: Database Language SQL
          – Part 4: Persistent Stored Modules (SQL/PSM), 12/2003

[ANS03n] ANSI/ISO/IEC 9075-9:2003, ISO International Standard: Database Language SQL
          – Part 9: Management of External Data (SQL/MED), 12/2003

[ANS03f] ANSI/ISO/IEC 9075-10:2003, ISO International Standard: Database Language
          SQL – Part 10: Object Language Bindings (SQL/OLB), 12/2003

[ANS03g] ANSI/ISO/IEC 9075-11:2003, ISO International Standard: Database Language
          SQL – Part 11: Information and Definition Schemas (SQL/Schemata), 12/2003

[ANS03i] ANSI/ISO/IEC 9075-13:2003, ISO International Standard: Database Language
          SQL – Part 13: SQL Routines and Types Using the Java Programming Language
          (SQL/JRT), 12/2003

[ANS03j] ANSI/ISO/IEC 9075-14:2003, ISO International Standard: Database Language
          SQL – Part 14: XML-related Specifications (SQL/XML), 12/2003

[ANS03a] ANSI/ISO/IEC 13249-1:2002, ISO International Standard: Database Language
          SQL – Multimedia and Application Packages – Part 1: Framework, 03/2003

[ANS03b] ANSI/ISO/IEC 13249-2:2003, ISO International Standard: Database Language
          SQL – Multimedia and Application Packages – Part 2: Full-Text, 10/2003

[ANS03c] ANSI/ISO/IEC 13249-3:2003, ISO International Standard: Database Language
          SQL – Multimedia and Application Packages – Part 3: Spatial, 12/2003

[ANS03e] ANSI/ISO/IEC 13249-5:2003, ISO International Standard: Database Language
          SQL – Multimedia and Application Packages – Part 5: Still Image, 04/2003

[ANS03d] ANSI/ISO/IEC 13249-6:2003, ISO International Standard: Database Language
          SQL – Multimedia and Application Packages – Part 6: Data Mining, 03/2003